JN437165

매화 동산에 올라서

안 형 재 제2시집

매화 동산에 올라서

『매화 동산에 올라서』를 내면서

매화꽃은 그의 온전한 정혼(精魂)을 다하여 피워 낸 진선미의 정수이며, 그 향기는 영혼의 체취(體臭)라고 했던가. 매화와 함께 지내면서 수많은 이야기를 나누는 가운데 적어보고 싶은 말들을 주저리주저리 써 내려간 것을 『매화 동산에 올라서』로 채우게 되었다.

퇴계 이황(李滉, 1501~1570)은 매화 시 85제 115편을 지어 『매화시첩』을 묶었고, 한강 정구(鄭逑, 1543~1620)가 성주 회현에 매화 100그루를 심은 후 정자를 지은 다음 '매화백영루(梅花百詠樓)'라는 편액을 걸어 놓고 매화 시를 지었던 것처럼 매화 시 100수는 써 봐야겠다고 맘먹었던 것이 『내 마음에 매화를 심고』 66수와 『매화 동산에 올라서』 76수 등 모두 142수를 모아 펴내게 되었다.

퇴계는 평소 분매를 가까이 놓고 사랑스레 기르기도 했지만 그의 시작(詩作)의 대상은 주로 정매(庭梅)였고, 한강 또한 뜰에 심어진 매화를 감상하며 매화 시를 지었지만 나는 뜰매화(庭梅)를 대상으로 한 것도 있으나 주로 분매(盆梅) 145품종 361점을 애배(愛培)하면서 그것들을 노래한 것이 많다.

이 시집의 표지 제호를 손수 써 주신 대한민국미술대전 특선작가이며 심사위원인 소운(昭芸) 박병옥(朴炳玉) 선생에게 깊은 감사를 표하며, 출판을 맡아 주신 도서출판 천우와 임직원 여러분들에게 고마운 말씀을 드린다. 아직도 내 가슴에 뜨거운 덩어리로 남아 있는 시심(詩心)은 더 아름다운 노래로 엮어지기를 기약해 본다.

2017년 입춘에

仁德院 梅花屋에서

梅村

제1부

매화들의 이야기

● 시인의 말

매화나무에는 _ 13
삭도질당한 손오공 _ 14
관악산을 오르며 _ 15
고목의 새순 _ 16
매화들의 이야기 _ 18
김밥 _ 20
꽃방석 _ 21
꿈 _ 22
낙매 _ 24
낙엽 매화 _ 26
남명매 _ 27
동양 최대 분매 _ 28
녹악 수양매 _ 30
일본 세계매화공원에서 _ 31
매혼(梅魂)과 함께 _ 32
독감 예방 _ 34
매 인생(梅 人生) _ 36
매우(梅雨) _ 37
감사 _ 38

제2부

매화 고목에

매화 고목에 _ 41
매화꽃 상징 _ 42
선물 _ 43
매화나무 응애 _ 44
질투 _ 46
매화삼롱(梅花三弄) _ 48
미인매 2 _ 49
분매 관수 _ 50
분매(盆梅) 온실에서 _ 52
분매가 염려되어 _ 54
분매 조각 _ 56
분매 꽃 지는 때 _ 58
분매 등걸 _ 60
분매 온실 앞 백송 _ 62
분매의 거름 _ 64
분양매 _ 66
백매화 _ 68

제3부

수양홍매

수양매 _ 71

수양백매 _ 72

수양홍매 _ 73

슬하에 _ 74

선암홍매 _ 76

신음소리 _ 77

매화 시 쓰는 일 _ 78

야매 달빛 아래 _ 79

영역 다툼 _ 80

약해(藥害) 입은 매화나무 _ 82

소영횡사(疎影橫斜) _ 83

옥평 고매 _ 84

우봉의 월매도 _ 85

와룡홍매(臥龍紅梅) _ 86

운조루(雲鳥樓) 매화 _ 88

울산 야매 _ 90

을미년 새해 아침에 _ 92

입동 즈음에 _ 94

자장매(慈藏梅) _ 96

원동매 _ 98

제4부

정매 그늘 없애려다

좌론매 _ 101
정매 그늘 없애려다 _ 102
조선명품 월사매 _ 104
지리산 야생매 _ 106
원앙매 2 _ 108
중녹악매(中綠萼梅) _ 109
흑룡담(黑龍潭) _ 110
청매실 농원 _ 112
탐매(探梅) _ 114
지폐의 매화 _ 116
친구 _ 117
태풍 볼라벤 1 _ 118
한 송이에 두 가지 색 _ 119
할멈 짧은 입 _ 120
한매(寒梅) _ 122
함께하는 것 _ 123
태풍 볼라벤 2 _ 124
햇살 _ 125
헛된 욕망 _ 126
흑전매(黑田梅) _ 127

제1부

매화들의 이야기

매화나무에는

매화나무에는
흙의 혼이 숨어 있다
땅의 피가 흐른다
선비 정신이 깃들고
달의 미소가 있고
눈[雪]의 차가움이 있고
얼음 살결이 있고
바람의 숨결이 있고
새아씨 살 냄새가 풍긴다.

2001. 3. 9.

삭도질당한 손오공

삼동의
살을 에는
세찬 바람도

분매 온실에선
삭도질당한
손오공과 같다

반짝이는
옥구슬처럼

성근 가지에
봉오리 진
분매들은

무대 위에서
한바탕 공연할
분장실
배우들이다.

2007. 2. 16.

관악산을 오르며

관악산 골짜기
눈 녹은 물소리

감미롭게 흐르는
새 봄의 노래

참나무 가지에
매달린 과거사

노란 꽃 피워올린
생강나무는 알고 있다

연둣빛 봄 하늘에
흰 매화를 만났으면…

2003. 3. 17.

고목의 새순

고드름 주렁주렁
처마 끝에 매달리고
온실 지붕에 앉은
멧비둘기 발가락
핏빛으로 얼었다

혹한의 겨울이
눈 녹듯이
스러져 갔습니다

매화나무 고목의
등걸에서
새순이 돋아
났습니다

파란 하늘을
향해
긴 바램으로
팔을 뻗는
그 가슴엔
피 끓는 열정이
있습니다

매화나무 줄기처럼
단단하고 야무진
꿈이 있습니다

파란 하늘에
흘러가는
흰 구름마냥
나의 현존은
천천히 물러갑니다

나의
쇠잔한 기력은
물끄러미
바라다볼
뿐입니다

내게도 새로운 힘이
솟아오르기를…

2013. 3. 28.

매화들의 이야기

광양 옥곡에서
녹악매를 옮겨 와
화분에 심었다

분 생활 삼십 년 된
고참(古參) 분매 왈

너 어디서 왔니?

나는 '매화마을' 로 이름난
광양에서 왔지

네 이름이 뭐니?

다들
꽃받침이 다갈색이지만
나는 초록색으로
귀하게 여기는
녹악매(綠萼梅)란다

그렇구나!

옛날 퇴계 이황이
사랑으로 기르던 매화가

녹악매(綠萼梅)라고 들었는데
만나서 참 반갑구나

그런데 너는 누구니?

나는 야매(野梅)라고 한다
30년 전에 예산에서 자라고 있는 나를
주인이 이곳으로 옮겨와
터줏대감이 되었지

우리 함께
예쁘고 건강하게 자라서
많은 사람들에게 기쁨을 주고

훌륭한 문화유산으로 남아서
자랑거리가 되도록 하자꾸나
가장 한국적인 전통분매로
세계적인 작품이 되어 보자.

파이팅!

2013. 2. 23.

김밥

순천에 매화나무 보러 갔다가
늦은 점심으로 김밥을 사 먹었다
돼지 순대 같은 것으로
꾸역꾸역 순대를 채웠다

그 뱃심으로
KTX 일반실 창가에 몸을 앉히고
포켓 성경 읽으면서
천 리 길을 세 시간에 내달렸다

참 빠른 세상이 됐다.

2013. 3. 18.

꽃방석

소한 추위 날, 날선 칼바람
밤 새워 윙윙거리다
선잠이 든 매운 아침,

새하얀 매화꽃 송이
다소곳이 피어나
호—호 손 시려 떨고 있다

어디서 온
귀여운 동자(童子)인가
하얀 뺨 노란 속눈썹

쇠죽 끓이는
따끈한 아랫목에
꽃방석 펴 놓고
맞이할 터이다.

2006. 2. 24.

꿈

어린 시절
내 꿈은 화가가 되는 것이었다
아버지는
지필묵(紙筆墨)으로 사는 것이
타고난 운수라고 하셨다

이른 봄 능수버들 가지에
연둣빛 새싹이 돋아나면
그것을 그리고 싶어
몸살을 앓았던 시절이 있었다

청량리역에서 기차 타고
춘천호반 가 수양버들을
보러 가곤 한다
봄이 되면 생겨난 병이다

칠십이 넘도록 매화를 기르면서
그 꿈을 놓지 못한 나에게
아내는
"마음으로 그려 보세요"라고 한다

화사한 매화꽃
성글고 구부러진 가지에
드문드문 피어나도록
화선지에 그리는 것보다
더 멋진 분매로 길러 봐야 하겠다.

2008. 4. 8.

낙매

눈물처럼
서럽게
꽃비 쏟아지는
춘분 즈음
이름조차 없는
간이역에서
삼등열차
빙판 미끄러지듯
슬픈 이별은
연기처럼
기인 꼬리를
남겼습니다
매유사귀(梅有四貴)*마냥
가녀린 몸매에
학의 무릎 같은 손
부드럽고 야윈 뺨에
반개(半開)한 입술이
그리도
사랑스러웠던
천사 같은 당신,
다시 또
한 해를

기다려야 하는
해 저문 날
낡은 정거장입니다.

2015. 3. 20.

* 매유사귀(梅有四貴) : 매화의 네 가지 귀한 것.
貴稀不貴繁　가지가 드문 것이 귀하고, 번잡한 것은 귀하지 않다
貴老不貴嫩　늙은 것이 귀하고 젊은 것은 귀하지 않다
貴瘦不貴肥　파리하게 마른 것이 귀하고 살찐 것은 귀하지 않다
貴含不貴開　봉오리 진 것이 귀하고 활짝 핀 것은 귀하지 않다

낙엽 매화

문틈으로 새 든
삭풍을 막느라
겨울 채비는
하루해가 짧다

새파랗던 잎사귀가
물기를 거두고
가을 색이 되면

사람들은
남아 있는 날들을
헤아리지만

매화는 머지않아
혹한의 눈 속에서
선비처럼 고고하게
꽃 피울 일을 생각한다.

2005. 11. 20.

남명매

성성자(惺惺子)*
방울소리
속기(俗氣) 압도한
추상(秋霜) 같은 위용(偉容)

소백산하(小白山下)
거유(巨儒)*와
짝을 했네

명종 임금
깨우쳤던 단성소(丹城疏)*
칼끝 닮아,
산천제(山天齋) 남명매(南冥梅)
기상도 꼿꼿하다.

2005. 3. 20.

* 성성자(惺惺子) : 남명이 늘 금방울을 차고 다니면서 그 소리로 경각심을 일깨우곤 하니 이를 성성자라 불렀다.
* 소백산하(小白山下) 거유(巨儒) : 퇴계 이황.
* 단성소(丹城疏) : 지금으로부터 450년 전인 1555년 단성 현감의 벼슬을 사양하면서 남명이 명종에게 올린 그 유명한 사직 상소문.

동양 최대 분매

고매 한 그루를 사러
담양에 갔다
광명역에서 케이티엑스 타고
광주역에 내려서
시내버스 타고 창평(昌平)에 당도했다
창평 장터에서 원조 돼지국밥을
먹는 것은 참 행복한 일이요
창평 쌀엿은 향토 별미다
창평에서 야매를 캐다가
화분에서 기른 분매는
수고 283㎝ 수령 450년생이다
중국 운남성 곤명의 흑룡담 분매와
일본이 닛본이치(日本一)라고 자랑하는
시가현 나가하마 분매보다
더 크고 오래된 것이다
이 분매를 보고 있노라면
밥을 먹지 않아도 배가 부르다

동양 최고(最古) 최대(最大) 분매다.

2010. 3. 21.

■ 중국과 일본의 탐매여행을 수십 차례 다니면서 특별히 분매에 대하여 관심을 가지고 지켜본 가운데, 중국의 경우는 운남성 곤명의 흑룡담 매원 안에 있는 분매원의 약 3,000여 점의 분매 가운데 고매가 약 1,000여 점이 있고 그중에 제일 크고 오래된 것으로는 수고 2m에 수령 200년생이고, 일본의 경우는 60회째의 분매 전시회를 자랑하는 유서 깊은 시가현 나가하마 분매원의 1,000여 점이나 되는 분매 가운데서 출품된 수령 400년생으로 수고가 275㎝ 되는 것이 일본 최고라고 자랑한다. 그래서 나는 동양 최대 최고의 분매를 한국이 보유해야 되겠다는 생각으로 전국을 헤매면서 고매를 찾아다니다가 창평에서 구하게 되어 분매로 길러냈다. 자랑스럽다.

녹악 수양매

낮은 곳을 향하여
겸손히 머리 숙인 청아한 꽃

꽃받침이 초록인
희귀함이 두드러진 꽃

달 보드라운 향내가
첫사랑이 그리워지는 꽃

너나없이 이기주의 욕망으로
교만의 모닥불을 피울 때,

가슴에 두 손 얹고
모두를 위해 무릎 꿇는 꽃.

2005. 2. 28.

일본 세계매화공원에서

뭉게구름 두둥실
세토나이가이(瀨戶內海) 언덕
서호(西湖)에서 학 날아오기 기다려
래학헌(來鶴軒) 세우고,

한국, 중국, 대만, 일본 매화
350종 1,250주 심어
세계매화공원 세웠다

소옹(邵雍)*은 매화꽃 다섯 잎을
평화, 화해, 행운, 관용, 인내의
상징이라 했으니,

태평양 전쟁 상흔 모두 지우고
진정한 화친과 친교로
동북아 연합 이루었으면…

2008. 2. 27.

* 소옹(邵雍) : 중국의 철학자이며 사상가(1011~1077).

매혼(梅魂)과 함께

육신을 찌르는
죽음이라는 가시의
항변을
묵묵히 참아내면서
내 삶의
조그만 보퉁이를 안고
영(嶺)길 넘어
예까지 왔네
"일생(一生) 추워도
향기를 팔지 않는다"는
그 진심(眞心)이
삶의 너울을 헤쳐 나갈
닻을 마련하였네
영혼의 쉼터인
적막한 매화초옥(梅花草屋)
내 속 사람은
고요와 평안의
심연(深淵)에 잠기네
탈진한 육신의
메마른 물기,
한 줌 가루 되어
뿌리 깊은 곳

영롱한 꽃빛으로 피어나고
영혼은 본향을
향해 가리라.

2003. 11. 23.

독감 예방

석회가 약대 노즐에 끼어
뿌리는데 애를 먹다가
그렇지 않은 것이라기에
상주에다 주문을 했더니,
관양1동이라고 불러준 주소를
안양1동이라고 적어서 보내준 탓에
주소 변경 신청을 했는데도
택배회사에서는 몽니를 부리고
배달을 해 주지 않았다
보내준 곳에서는
"선생님 실수를 해서 어떻게 해요
환불을 해 드릴까요?"
"조금 더 기다려 봅시다."
보통 이틀이면 도착하는 것이
한 열흘은 족히 지나 골이 삭았는지
멋쩍은 듯 슬그머니 가져다주었다
우리 사는 세상에서 제일 큰
택배 회사라던데…
다른 물류회사까지 욕먹을까 걱정된다
석회유황합제는
매화나무에 발생하는
동고병, 흑성병, 흰가루병과 같은

여러 가지 균과
깍지벌레, 응애 등 벌레 알들이
월동하고 있을 때
구제하는 약이다
말하자면 독감 예방주사라고나 할까!
약을 뿌리고 나면 매화나무는
하얀 면사포를 쓴 신부처럼 곱다
이렇게 친환경농법으로 해서
열리는 튼실하고 알알 찬 매실은
내 사랑하는 아내가
만져도 보고, 손수 따보고 싶어 하는
소망 가운데 하나다.

2013. 1. 24.

■ 도시(부산 서대신동)에서 나고 자란 아내는 농산물의 열매 따기를 좋아한다. 어느 해인가는 경북지역 탐매여행을 하다가 의성의 시골길을 달리는데 탐스럽게 사과가 열려 있는 것을 따 보고 싶어 해서 주인에게 사정하여 조그마한 사과나무 한 그루를 사서 실컷 따 보게 했다. 또 가을무를 뽑아 보고 싶어 해서 가을무 3개를 사서 뽑아 보도록 했으나 힘에 겨워 뽑지도 못했다.

매 인생(梅 人生)

사십 여 년간
매화를 기르며 살아온 날들이
뭐 아쉬움이야 있으랴만
가을걷이도 한 것 없이
빈 수레를 끌고
수확의 계절을 지나
지난여름 장마 때
떠내려가다 교각(橋脚)에 걸친
무너진 오막의 서까래처럼,
관악산 등산로 입구 도토리 묵밥 집
찢어지고 빛바랜 간판처럼
우두커니 서서
수레바퀴마냥 저물어가는
세모(歲暮)를 바라본다
새 봄이 저만치서 손짓한다
보릿고개 춘삼월 배고픈 선비마냥
깡마른 가지에 높은 지조 꽃 피고
기다리는 임 찾아
답설심매(踏雪尋梅) 떠나야겠다.

2012. 11. 25.

매우(梅雨)

매실 익을 망종 때
꽃 애기로 내리면

소 모는 농부의
무논 세 마지기

제비는 처마 밑에
새 집을 짓고,

매실 따는 아낙의
콧노래가 흥겨울 때

매실 향 가득한
매우가 온다.

2002. 6. 10.

감사

밤하늘에 초롱초롱
수많은 별들

푸른 물결 위에
갈매기 떼 날고

매화나무 가지 위에
눈꽃이 내려앉으면

세상 근심 염려 걱정
안개처럼 스러지고

이런 복 내게 주신
당신께 감사를…

2003. 4. 1.

제2부

매화 고목에

매화 고목에

거친 고목에
새싹 돋을 땐

우주의 힘이
솟구쳐 오른다

거친 고목에
새싹 돋을 땐

천지만물은
새 봄을 맞는다

거친 고목에
새싹 돋을 땐

우리들 모두에겐
새 희망 넘친다.

1977. 3. 18.

매화꽃 상징

백매의 흰 빛은
눈 속에서 더욱 밝고,

그가 품은 마음은
다섯 꽃잎에 있네

쾌락, 행운, 장수, 순리, 화평

영혼을 일깨우는
새벽녘 향설(香雪)이여.

2007. 2. 20.

선물

용띠 할멈이
어렸을 적에

장모님이 반찬거리
심부름 보내면

예쁜 꽃만 한 아름 사올 만큼
안개꽃, 장미꽃을 좋아했다

그 할멈에게 나는 여태
꽃 선물 한번 못 했지만,

200평에 361점 분매원을
통째로 선물했다

아내는 매화에
물주기 3년의 경지도 넘어섰고
손수 전정을 해 줄만큼
마니아가 되었다.

2011. 12. 10.

매화나무 응애

집파리 똥보다도
작은 벌레가
잎사귀 뒷면에
고약한 빚쟁이같이
달라붙어서
달콤한 즙액을
흡해(吸害)하면
푸르고 싱싱했던
매화나무 잎사귀가
희뿌옇게 생기를 잃고
죽어간다
면역력이 강한 놈이라
성분이 조금씩 다른
세 가지 응애약을
번갈아 가면서
사흘들이로
뿌려 주어야
80% 정도만
구제가 되는

작다고 함부로 대했다간
큰코다치는 벌레다.

2002. 7. 10.

질투

우상처럼
매화만 사랑한다고

하나님
질투하셨다

아브라함에게
모리아 산에서

이삭을 제물로
바치라 했듯이

내게도
그러셨던가?

수풀에 뿔 걸린
숫양이

내겐
보이질 않았기에…

아끼던 분매 260점이
고사(枯死)했다

통탄의 아픈 내색도 못한 채
전능자의 뜻이라 믿는다.

2012. 7. 22.

매화삼롱(梅花三弄)*

그의 첫 모습은
아침 이슬 머금은
구슬 같은 봉오리요,

그의 둘째 모습은
백색으로 만개한
눈부신 화신이요,

그의 셋째 모습은
떨어져간 꽃잎 새로
초록 싹이 돋는
상춘이라네.

2007. 4. 12.

* 매화삼롱(梅花三弄) : 매화삼롱은 4세기경 중국의 장적이 지은 비파곡의 이름으로, 매화의 세 가지 아름다운 모습을 노래한 것이다.

미인매* 2

연지곤지
불그스레한 볼

기인 속눈썹
해맑은 미소

아스라이
기억 속에

잊혀지지 않은
사랑아!

1975. 3. 25.

* 미인매 : 프랑스의 식물학자가 1985년에 홍엽계(紅葉係)와 궁분형(宮粉型)을 교접하여 배양해낸 품종으로 매화를 사랑하는 사람들에게 인기가 많은 꽃이다. 꽃의 생김새가 특이하게 아름다운 미인형이다.

분매 관수

이슬 내린
풀밭을 걷다가
바짓가랑이가
흠뻑 젖듯이,
분매의 밑둥치에
이끼가 필 만큼 준다
열두 첩 반상기로 차린
진수성찬이 아니어도
꽁보리밥에 간장 종지뿐인
가난한 선비의 밥상이 아니어도,
신선한 산소만
넉넉한 맹물이면
맛깔나는 주식이 된다
서쪽 지방에는
가뭄 때문에
큰 강물을
끌어다 쓴다는데,
아직은
물 걱정 없이

주고 있으니
이 어찌
감사하지 않으랴!

2015. 11. 20.

■ 2015년 10월 현재 전국 누적강수량(754.3㎜)은 평년(1198.1㎜) 대비 62%로 역대 최저 수준이며, 문제는 가뭄이 내년 6월까지 계속될 것이라는 사실이다.

분매(盆梅) 온실에서

철문도 걸어 잠근
분매 온실에서
나는
내 일인 분의 고독을
운명처럼
소중히 간직한 채,
은둔(隱遁)의 참 복
고독의 감미로움
바위처럼 무거운 침묵
내 존재를 확인하는
평온함 속에서
커 갈수록 껍질에
하얀 빛이 또렷한
백송나무 향내에
영혼의 쉼을 얻고
나 여기에 있음의 사유를
알아내고 나서는
진정한 삶의 의미를 깨닫는다
휴식의 순간에도
분매들의 수형을 세밀하게 구상한다
거칠고 성근 가지에
듬성듬성 꽃 피울

고졸(古拙) 청순(淸純)함을 위하여
동지 녘 달무리가
게 눈 감추듯 한다.

2004. 12. 20.

분매가 염려되어

다리 골절로
깁스를 하고
앉아 있자니
좀이 쑤시고
안절부절이다

쾌청한 날이면
온실이 고온으로
달아올라
연한 잎사귀
시들지나 않을까

변덕스런
꽃샘추위엔
새싹이 얼지나
않을까

산다는 것은
염려 걱정의 연속이다

기어코
목발을 짚고 가
속 시원히 둘러본다.

2013. 3. 22.

분매 조각

신사임당(申師任堂) 고매첩
우봉(又峰) 월매도에도
매화 줄기는 한결같이
조각이 되어 있다

『이소매기(二小梅記)』*나
조운의 매화 시에서도
그의 참 모습이 곱다

나는 매화의 성형의사다
S라인 V라인 다 시술한다
김태희도 모델 삼고
소녀시대 윤아도 본을 뜬다

조각을 하고 나면
젊은 나무도 꼬부랑 할배가 되고
조각을 하고 나면
중늙은이 매화가 근엄한 선비로 변한다

조각을 하고 나면
매화는 세상에서 기물(奇物)이 된다.

2010. 11. 18.

*『이소매기(二小梅記)』: 미국의 버클리 대학이 소장하고 있는 우리나라 분매 기르기에 대한 조선시대 때의 기록.

분매 꽃 지는 때

삼십 년 분살이 한
고매의 줄기에는
골 깊은 주름이
엉성하고 거칠다

입춘이 성큼 다가와
양(陽)의 기운을 얻은
깡마른 가지에
할멈 미소 닮은 흰 매화가
함박눈처럼 피었다

그리고는 이내
제 그늘 자리에
흰 치마폭을
둘러 펼치듯
하얀 꽃잎을 털어 놓았다

말없이
귀로를 따라
무거운 발걸음
멀어져 간다
일장춘몽이다.

2004. 3. 27.

분매 등걸

상금 사는 큰 매형은
쇠죽 쑤는 아궁이에나
사랑방 허드레 땔감으로
쓰면 좋겠다고 했다

매화나무 둥치를
화분에 심어
새 뿌리가 자라고
고운 싹 돋아나면,

분매의 모양새
옛 얘기처럼 자리 잡고
전정과 조각으로
자연스런 매무새는
전설 속 여인인 양
지조 갖춘 모습이다

해 저문 저녁 하늘엔
길 떠난 새 떼들 날고
삭풍이 새어드는
서옥의 빈방에는

매선(梅仙)을 맞이할
호롱불이 밝다.

2008. 4. 20.

■ 미국 버클리대학 도서관에 소장된 조선후기 문인 정극순(鄭克淳, 1700~1753)이 쓴 『이소매기(二小梅記)』에 보면 보잘것없는 매화의 그루터기를 구하여 화분에 심고 접을 붙여 아름다운 분매를 만들었다는 기록이 있다. 나는 매화의 둥치를 구하여 분에 심어 뿌리를 내리고 새싹이 자라게 한 다음 좋은 품종을 접붙여 기르는 것을 낙으로 여긴다.

분매 온실 앞 백송

막내가 태어난 이듬해 봄에
네 살 먹은 백송(白松)
묘목 오십 주를 심었다
아이들
대학 갈 때쯤이면
한 주만 가지고도
등록금은 될 거라고
큰놈은 미국 유학하고
목사가 되어
샌프란시스코 산호세에서
목회를 하고,
둘째 딸년은
베이징(北京)대학원을 나와
중국어 통 · 번역사가 되고
막내 놈은 과천초등학교 5학년 때
전교 어린이 회장에 당선된 적 있어
장차 정치를 하려나 했더니
중국 칭화(淸華)대학에서
영화감독 하는 걸 배워 와서는
영화사 조감독으로
〈청연〉이라는 영화를 만들었으나
흥행에 실패하여

쫄딱 망하는 바람에
단번에 손 털고
광동성 광저우(廣州)로 날아가
중국인 아내를 맞이하여
무역회사를 한다
자식 농사 잘 되었는지…
바라는 것은 세상과 사람들을 위해
촛불처럼 열정 다해 자신을 태우고,
됨됨이가 바람직해야 하는 것이다
지금은 백송 세 그루가 남았다
큰아이 나이와 같은 마흔 네 살이다
수피(樹皮)가 제법 하얗게 된 것이
흰 소나무 티가 난다
세 아이 기념수로 기르면서
자식 놈들 생각날 때면
얼굴 대하듯 백송과 얘기 나누곤 한다
영주 매화공원 매화서옥 앞에 옮겨가
천년을 살게 하리라.

2013. 7. 23.

분매의 거름

분매의 보양식은
참 깻묵을 푹 삭혀서

무릎 스타킹에 넣어
화분 위에 순대처럼 얹어 주면

관수(灌水) 때마다
조금씩 빨아먹는 것이다

들쥐란 놈들이
무엇이 들어 있나 싶어

밤마다
비료 자루를
몽땅 뒤집어 쏟아놓는다

바로 해 놓아도
도루묵이다
고약하다

들고양이 부부가
분매 온실 한 귀퉁이에

신방을 차렸다

그놈들의 행패는
그날로 뚝 그쳤다

쥐 잡듯 한 나비부부에게
맛있는 먹이로 보답해야겠다.

2005. 5. 14.

■ 분매거름으로는 참깻묵을 썩혀서 긴 스타킹에 넣어 올려놓으면 물을 줄 때마다 거름기가 서서히 녹아내리기 때문에 그만한 것이 없다. 그런데 들쥐들이 무슨 심술로 밤마다 거름 자루를 모조리 헤쳐 놓곤 한다. 날마다 들쥐와의 전쟁에 평화군으로 들고양이 부부가 입주하게 되어 모든 것이 다 해결되었다.

분양매

산청 남사리
분양고가(汾陽古家)

원정공(元正公)이 심은
홍매 한 그루

산청 삼매(三梅)
그중에 하나,

줄기 용틀임
신비스런 자태

매화꽃 피는
봄이면

큰 대문이
닳고 닳는다.

2002. 3. 17.

■산청군 단성면 남사리에는 대원군이 쓴 '원정구려(元正舊廬)' 라는 편액이 보관된 '분양고가(汾陽古家)' 가 있다. 이곳은 고려후기의 문신인 원정공 하즙(河楫, 1303~1380)이 살았던 집이다. 원정공이 손수 심었다는 분홍매는 줄기가 실타래처럼 용틀임을 하며 자란 것이 기이하다. 봄철에 꽃이 필 때면 '매화 보는 집' 이라고 대문에 써 붙여 있어서 탐매객들이 들끓는다. 산청 3매 가운데 하나다.

백매화

땅거미 밀려오는
어둑한 분매 온실

송이송이 흰 매화
별처럼 반짝이고

어스름 달빛 속에
가슴속 파고든 암향

한사(寒士)의 모습으로
항아(姮娥)에게 다가서니

함박눈 켜켜이
순백(純白)의 넋이여.

2005. 4. 2.

제3부

수양홍매

수양매

풀주머니 같은
늙은 젖을 빨듯

밤새 맑고 영롱한
달빛 먹은 수양매,

자고 나면 한 치씩
땅을 향해 잘도 자란다

국수틀에서 가마솥 향해
국수발이 빠져나오듯이…

2009. 5. 26.

수양백매

수양백매
꽃가지

바람결에
나부낄 땐

무대 위에서
흰 가운 입고

춤추는
발레리나.

2003. 3. 25.

수양홍매

사또 어사모(御賜帽)
수양홍매 꽃가지

군자의 도 간직한
겸양의 속마음

드레드레 땅을 향해
머리 숙인 겸손이여.

1984. 4. 20.

슬하에

인덕원(仁德園) 매원에 있으면
내 슬하에는
20여 그루 정매가 있고
361점의 분매가 있고
까치가 있고
달팽이가 있고
고양이 가족이 있다

정매 가운데는
보성에서 옮겨 온
'옥평고매'와 '담양야매'
'춘천 풍후매'가 있다
품격 높은 지체들이다

분매는
최고 나이 450살부터
60살짜리까지
145품종이 있다

달팽이는 매화나무
잎사귀만 한 세상에서
두 뿔을 휘두르며 재롱을 하고,

고양이 가족들은
눈만 마주치면 먹이 달라고
졸라댈 때와 화분 위에
드러누워 어리광을 부릴 때가
가장 귀엽다

이런 슬하의 것들과
지내다 보면
살아온 날보다 살아갈 날은
짧게만 느껴지고
흘러가는 시간은
흐르는 별과 같다

대저(大抵)
살아 있는 것들은 나름의
이야기가 있고
우주가 있는 법.

2008. 7. 23.

선암홍매*

선암사
무우전(無憂殿)에서

운수암(雲水庵) 가는
돌담에 기대어

두 줄기로
뻗어 오른

늙은 매화치곤
보기 드문 홍매화

천년 가람지기
연지 곤지 화장했네.

2008. 3. 18.

* 선암홍매 : 천연기념물 제488호(2007. 11. 26. 지정)로 홍매화로는 우리나라에서 가장 오래된 고매다.

신음소리

태풍 '덴바'가 핥고 갔다

매화나무 머리채를
휘어잡고 줄기차게
흔들고 지나간
광란의 몸짓은
반나절 남아
분매들을 이리저리
휘갈겨 놓았다

학창 시절 바람 빠진 리어카에
주섬주섬 이삿짐 포개 싣고
하월곡동 언덕배기 판잣집
이사 가다 뒤집혀
너부러진
양은 밥상이며
연탄집게처럼,

부러지고 꺾인 가지들
신음소리 안쓰럽다.

2012. 8. 20.

매화 시 쓰는 일

매화 시 쓴답시고
매화농사 패농(敗農)하겠다
시 쓰는 일이
어디 그렇게 쉽더란 말이냐

거미 똥구멍에서
거미줄 나오듯
술술 나올 양이면,

콩나물죽으로
세끼 때우고
갈대 지붕에서
비가 줄줄 새더라도,

초상집 강아지마냥
꼬리 춤 출 일이다.

2005. 5. 30.

야매 달빛 아래

유리처럼 차가운
입춘의 맑은 하늘

휘영청 달빛 아래
외로이 핀 매화

뭇 꽃들과 더불어
시새움이 싫어서

눈 얼음 제치고
네 홀로 왔구나.

2007. 4. 5.

영역 다툼

분매 온실 암고양이에게
진즉 구애작전을 펴고 있는
늙은 수컷 고양이에게
난데없이 젊은 것이
영역을 침범하여
뿔이 난 검은색 왕눈이가
사납게 추격을 해서
겁에 질린 젊은 놈이
혼비백산 도망을 친다는 것이
그만 은행나무를 타고 올라 피신,

은행나무 꼭대기에
보금자리 마련하고
알을 낳아 놓은
까치부부가
해치러 올라온 줄 알고
이웃 까치들까지 불러 모아
고막이 터지도록
악다구를 부린다

더 이상
올라가지도 내려가지도

못하고 엉거주춤 멈춰 있는
젊은 고양이가
안타깝다
봄이면
종의 번식을 도모하는
자연계에 흔치 않게
볼 수 있는 모습.

2013. 3. 8.

약해(藥害) 입은 매화나무

제초제
뿌리고 나서
동력분무기
맹물로 씻은 후
매화나무 순 벌레 약을 뿌렸다

하룻밤
지나고 보니
아뿔싸!
제초제 약 기운이
남아 있었던가?!

처음 뿌린
두어 그루
매화나무 잎사귀가
축 늘어져
비 맞은 중처럼 하고 서 있다.

1975. 5. 20.

소영횡사(疎影橫斜)*

작은 연못에
파란 하늘 가득

거칠고 성긴 가지
그 하늘에 그림자 되니,

선비들 오매불망하던
소영횡사(疎影橫斜)
수청천(水淸淺) 아닌가?

2004. 3. 20.

* 소영횡사(疎影橫斜) : 임포의 '소영횡사수청천(疎影橫斜水淸淺)', '성글고 빗긴 가지 얕은 물 위에 비춘다'라는 세기의 절창을 남긴 시 가운데 한 구절. 임포는 중국 송나라 때 절강성 서호에서 매화를 기르며 은거했던 시인이다.

옥평 고매

봄의 신이 꾸며 놓은
항아*의 고운 자태

옥 같은 뺨에
연지 곤지 바르고

청명한 달 아래 슬며시
다가와서는

맑고도 고운 향기
밤새도록 풍겨준다.

2002. 3. 28.

* 항아: 예(羿)의 아내였으나 예가 서왕모(西王母)에게서 얻어온 불사약을 훔쳐 먹고, 달 속으로 도피하여 달의 정(精)이 되었다는 전설 속의 여인.

■ 보성 옥평에서 옮겨온 350년생 고매가 피었다. 세 줄기 가운데 두 줄기가 고사하고 맨 우측 줄기 하나가 살아서 제구실을 한다. 3년 여에 걸쳐서 주인을 설득하여 힘들게 옮겨온 나무라서 더욱 애정이 가는 고매다. 고사한 두 줄기는 조각을 하여 운치를 더했다.

우봉의 월매도

불긍거후(不肯車後)
올곧은 신념

화아일체(畵我一體)
정신 담은 월매도

오만 원 권 화폐에
또렷이 각인되어

오천만 가슴속
매화정신 새긴다.

2012. 4. 10.

와룡홍매(臥龍紅梅)

창덕궁 선정전 앞에 있다가
일제 침략 때
다테 마사무네(伊達宗正)가 뽑아 가
센다이시(仙台市) 서암사(瑞巖寺)에 심어 놓았다

일본국 국가지정 천연기념물
'조선매(朝鮮梅)'라는 이름으로
사백여 년 동안
낯선 이국땅에서
서럽게 살아오던 와룡매(臥龍梅)

고국에서 찾아간
옛 주인을 보고서
눈물도 메마른 채
줄기는 외과수술 받았고
중엽 붉은색으로
곱기는 대갓집 규수 같다

어루만지고 안아도 보고
땅거미가 들도록
발길 떨어지지 않는다

칼에는 칼이라 말하지만,

사랑으로 용서하고
'평화'의 꽃말 알게 해야지
백만인 재일동포 지킴이 되고
빛나는 한민족 얼이 되어라.

2003. 4. 3.

■ 일본의 동북부 미야기현 센다이시 서암사에 있는 '와룡매'의 생태조사를 일본정부의 협조를 얻어 시행하였다. 이 매화는 일본국의 5대 명매요, 천연기념물로 지정되어 관리하고 있었으며 관리청인 아오바 구청장으로부터 그동안의 관리 현황에 대한 브리핑을 청취하고, 수목의(樹木醫)로 지정되어 관리해온 하야사카 요시오 씨로부터 '와룡매의 건강진단과 처방 및 치료' 등에 따른 상세한 보고를 받고, 관계 서류를 수취한 다음 관계관의 안내로 현장으로 갔다. 400여 년간 이국땅에서 서럽게 살아온 와룡홍매는 직경 1m가 훨씬 넘는 줄기가 부패하여 외과적 수술 후 코르크 등으로 채우는 조치를 해 두었고, 와룡백매는 줄기의 밑둥에서 뻗은 가지가 직경 약 35cm가량이 되어 땅을 향해 기듯이 용틀임을 하고 있었으며 비교적 건강한 편이었다. 침략국에서 이러한 식물까지 약탈해 간 저들의 소행은 밉지만, 나무를 통째 옮겨 올 수도 없으므로 접수를 가져와 후계목을 길러 나가는 수밖에 도리가 없었다. 이 모든 상항 등은 일본의 일간 마이니치신문이 동행 취재하여 2003년 4월 4일자 조간신문 두 군데에 게재하였다. 가슴 아픈 일이다.

운조루(雲鳥樓) 매화

금환낙지(金環落地)형
구름 속 노니는 새
지저귀는 빼어난 집

유이주(柳爾胄)가
오위장(五衛長)으로
여진족(女眞族) 무찌르고
위(魏)나라에서 얻어 온
운조루매

새하얀 꽃 다섯 잎
보드라운 속살
외론 사슴처럼
고향을 향해 긴 목 빼 문다.

2005. 4. 20.

■ 전남 구례군 토지면 오미리에 있는 운조루(雲鳥樓)는

雲無心以出峀　구름은 무심히 산골짜기에서 피어오르고

鳥倦飛而知還　새들은 날기에 지쳐 우리로 돌아오네

라는 도연명의 「귀거래사」라는 칠언율시의 머리글자를 따서 지은 이름으로 풍수지리학상으로 금환낙지형(금가락지가 땅에 떨어진 형국)에 속하는 우리나라의 3대 길지 가운데 하나라고 한다. 운조루의 특이한 점은 쌀통이다. 원목으로 만든 쌀통에는 2가마 반 정도의 쌀이 들어갈 수 있고 쌀이 나오는 마개에는 '타인능해(他人能解)' 라는 글귀가 쓰여 있는데 이는 가난한 사람은 누구나 와서 마개를 열어 쌀을 가져가도록 배려한 것이다. 운조루 매화는 창건주인 유이주(柳爾胄, 1726~1797)가 가선대부와 오위장을 역임하던 때에 여진족을 무찌르고 만주를 거쳐 위(魏)나라에 갔을 때(1776년) 얻어온 것이다.

울산 야매

야매를 캐러
울산엘 갔다

아름다운 태화강변
대나무 숲길 걸으며

대잎새 사각거린
정담을 들었다

맑고 넘실대는 강물 속엔
연어 잉어 황어 떼들 노닐고,

모래톱엔
고니들 연무가 아름답다

수만 마리
갈가마귀 떼의 장엄한 군무

대숲 새엔 학이 들어
새 둥지를 틀고
새 생명 태어날 채비에
꽃잠 부풀었다

청학포란(靑鶴抱卵)의 꿈…

야매를 캐다가
들길 거니는
소복 여인처럼
청순한 매화꽃
보고 싶은 꿈이 있다.

2013. 2. 18.

■ 오래전에 사 놓았던 야매를 캐러 울산엘 갔다. 장비(포크레인)와 인부들이 굴취 작업을 하는 동안 태화강변을 두루 돌아보았다. 광대한 대숲 길은 담양의 그것과 비견되었다. 강폭이 넓은 물속에 떼 지어 유유히 헤엄쳐 노니는 팔뚝 굵기의 잉어며 연어, 황어 등은 물 반, 고기 반이라고나 할까? 그 위에서 자맥질을 하는 수많은 청둥오리 떼, 모래톱을 거니는 고니들의 우아한 자태며 강물 위를 평화롭게 활강하는 학의 모습을 바라보면서 여기가 공업도시 울산인지, 평화롭기 그지없는 지상낙원인지 착각을 하게 되었다. 참으로 장관이었다. 그 풍경들이 오래도록 뇌리에서 지워지지 않을 것 같은 인상 깊은 도시다.

을미년 새해 아침에

장구령(張九齡)의
매령(梅嶺)이 있는
광저우 며느리가
매화꽃 활짝 핀
시댁을 찾았다
미인매(美人梅)처럼
가녀리고
사슴 같은
눈을 해 가지고서…

이 봄,
매향에 취해
임포(林逋)를 그리며
납월매(臘月梅)가
이미
휘적휘적
산그늘 너머로
멀어져 가는데
경칩은 양지 쪽에서
자울 자울 한다.

2015. 2. 19.

■ 미국에서 석 · 박사하고 눌러앉은 큰 아들은 멀어서(?) 못 오고, 북경대 대학원을 마친 딸년은 요우커들이 몰려오는 바람에 바빠서 못 오고, 칭화(淸華)대학에서 영화를 공부한 막내 녀석이 광저우(廣州) 아가씨와 결혼하여 모처럼 세배를 왔다. 때맞추어 미인매가 막내며느리 택연(澤燕)이처럼 곱게 피었다.

입동 즈음에

나고 들 때마다
찬 바람이 이는
심술 사나운
시누이마냥

온기라고는
죽은 사자의 콧김만큼도 없는
분매의 집에

초가지붕
이엉을 엮어 덮듯이
분매 온실에도
비닐을 새로 입힌다

해마다 이어지는
대사(大事) 중에 하나다

그렇게
겨우살이 준비를 하고 나면

분매들은 어느새
온기를 느껴
꽃눈이 부풀어 오른다

매혼(梅魂)이 충만하여
매화의 정신이 태동한다.

2015. 11. 9.

자장매(慈藏梅)

불지종찰(佛之宗刹)
국지대찰(國之大刹)
천삼백 년 통도사

좁은 방 가시덤불 속
알몸 곧추세운 채
고골관(枯骨觀)* 수행하고

재상(宰相) 취임 않으면
목을 자른다 칙령에도
"하루를 살더라도 계(戒)를 지키되
파계하며 백년 살기를
원치 않는다" 단호히 거절

산새 공양 받고
오계(五戒) 얻어 석굴(石窟)에서 나온
자장율사(慈藏律師)

큰스님 핏빛 물들어
붉게 핀 자장매(慈藏梅)
중생계도(衆生啓導) 하려고
머나먼 꽃길 열어 간다.

2001. 3. 20.

* 고골관(枯骨觀) : 사람의 시체가 썩어가는 것을 보면서 수행하는 것.

원동매

경부선 완행열차
낙동강 변 원동역(元洞驛)

매화꽃 필 때면
기차도 느릿느릿

은은한 매향
여수(旅愁) 달래주고

흩날린 꽃비가
차창으로 가득…

2000. 3. 14.

■ 원동매를 탐매하러 가는 길엔 구포역을 경유하게 된다. 구포역에서 원동 가는 보통열차를 타야만 원동역에 도착하게 된다. 원동 가는 보통열차를 기다리는 시간이 내겐 참 즐거운 시간이다. 구포 구시장 안에 있는 돼지국밥을 사먹을 수 있기 때문이다. 고소한 국물에 보드라운 머리고기며 생된장에 풋고추를 찍어 먹는 맛은 가히 일품이다. 원동역 주변에 지천으로 매화가 필 때면 승객들을 배려하여 기차가 서행한다. 승객들은 차창을 열고 환성을 지르며 은은한 매향에 취한다.

제4부

정매 그늘 없애려다

좌론매

매화나무 가지를 땅에 꽂아서 자란
600년 된 천연기념물
해마다 번식하여 80주가 되었다

도쿠가와(德川) 시대
매화 숲을 놓고
사토히라(佐土原)와 다카나베(高鍋)가 다투다가
자리에 앉아 의논하여 해결봤다는 전설 따라
붙여진 이름 좌론매(座論梅)

땅을 기는 듯, 누워서 자라는 와룡형(臥龍形),
다섯 매의 꽃잎에 작고 수줍은 붉은 반점
축제장에서 먹었던 단팥죽과 식혜가 그립다.

2007. 3. 17.

■ 미야자키현에 있는 '湯之の座論梅'는 일본의 5대 명매 가운데 하나로 유명하다.

정매 그늘 없애려다

춘천에서 옮겨 온
삼백 년 된 고매들이
아름드리 은행나무
그늘에 가려
볼 때마다 미안하고
안타까운 마음
가려운 곳 긁어 주듯
그늘나무 잘라내다
쓰러진 나무줄기에
다리 골절상을 입었다

“겨울에는 뿌리 흙이
두 배나 깊이 얼어
오들오들 떨면서
견뎌내느라 힘들었고
여름엔 그늘져
광합성을 못해서
줄기, 가지 약해지고
꽃도 옳게 피질 못했소

이제야 따스한 볕
한 가슴 안고

예쁜 꽃 곱게 피여
매촌(梅村) 마음 기쁘게 하려우
주인님도 하루 속히
쾌유하시구려."

두 귀로 듣는다.

2013. 3. 18.

조선명품 월사매

삼백 살 난
듬직한 둥치에

할멈 손목처럼
가녀린 가지들

조선의 명품 매
이제야 되살아나

눈보라 휘몰아치는 날
흰 꽃잎에 붉은색 칠

자하(紫霞)도 구하지 못해
애달아 했던 귀한 품종

꽃잎마다 순정 어린
입맞춤한다.

2011. 1. 27.

■ 5년 전 전라북도 익산에서 구하게 된 근원 직경이 35㎝가량 되는 고매둥치를 분에 심어 기르면서 조각도 하고 정성껏 전정을 하였더니 훌륭한 분매로 자라주었다. 특히 흰색 꽃잎에 분홍색 반점들이 점찍어 놓듯 무늬를 이루고 있는 것은 참으로 귀한 매화다. 조선시대 명품 매화로 손꼽히던 '월사매'로서, 월사(月沙) 이정귀(李廷龜, 1564~1635)가 사신으로 중국에 갔을 때 어사(御史) 웅화(熊化)와 내기 바둑을 두어 이긴 대가로 현황재(顯皇宰) 신종(神宗)이 감상했던 홍매를 얻게 되었던 바로 그 매화다.

지리산 야생매

활 잡목 우거진
산대나무 속
태고의 신화와 전설이
겹겹이 쌓인
거칠고 두꺼운
누더기를 입고
오롯이 하늘 향해
우뚝 선 야매,

빼앗긴 땅 봄도 맞아 보았고
공비토벌 혈투도 눈에
핏발이 서도록 목격했다

기나긴 이야기들은
줄기, 가지 끝에
쪼그마한 흰 꽃으로
앙증스레 열렸다

어느 누가 이곳에
매화를 심었을 리 없고
필경! 350년 전
곰이나 멧돼지의
소행이리라

돌밭, 우거진 잡목을
헤치며 찾다가
지리산 다람쥐라는
보살님 안내로
길상암 앞에서
야생매를 찾는 순간
복에 겨운 눈물이 주르륵…

2007. 12. 18.

■ 지리산 야생매는 매화의 종주국인 중국의 야생매보다 훨씬 크고 오래된 것이다. 중국의 북경임업대학원 장계상 박사의 안내로 운남성 곤명과 중국의 서남부 미얀마의 국경 지역인 귀주성 일대의 야생매들을 탐매했을 때에도 지리산 야생매처럼 크고 오래된 것을 발견하지는 못했다. 그러므로 2006년 북경임업대학원 초청 '한국의 매화' 에 대한 특강을 하는 가운데 지리산 야생매를 소개했더니 강의에 참석했던 160여 명의 석 · 박사생들은 오-오- 하며 경탄하기도 했다. 야생매를 찾기 위해 지리산 험준한 돌밭이며 길도 없는 산대밭, 잡목 사이를 할퀴고 넘어지며 헤매다가 때마침 노고단 방향에서 내려오는 보살을 만나 안내해 주는 대로 길상암 암자 밑에 있는 매화를 찾게 되었다. 원래 4그루가 있었으나 3그루는 고사하여 둥치들이 나뒹굴고 있었다. 이 매화는 문화재청에 건의하여 2007년 10월 8일 건국 후 처음으로 '천연기념물 제485호' 로 지정되었다.

원앙매 2

해원앙(海鴛鴦)을
아시나요?

암컷은
죽어서도

수컷의 꼬리 물고
놓질 않는다는…

원앙매(鴛鴦梅)는
열매가 쌍으로 열지요

금슬(琴瑟) 좋은 부부처럼
이마를 맞대고

우리 모두 그렇게
사랑하고파.

1998. 2. 26.

■ 정약전의 『자산어보』에 보면 해원앙에 관한 이야기가 적혀 있다. 암컷이 수컷의 꼬리를 물고 놓지를 않기 때문에 어부들은 수컷 해원앙을 잡으면 암컷까지 덤으로 잡을 수 있어 좋아한다. 원앙매도 열매가 이마를 맞대고 나란히 열려서 보는 사람들로 하여금 금실 좋은 부부를 연상케 한다.

중녹악매(中綠萼梅)

남풍에 꽃가마 타고
누속(陋俗)에 오신 님

옥 같은 빰 얼음 살결
그을릴까 두려워

이 밤 사 기다렸던
깊은 정을 나눠 볼까나.

1978. 2. 21.

흑룡담(黑龍潭)

검은 용이 못에서
하늘로 치솟았대서
부르게 된 이름

1300년 살았던 당매(唐梅)
영화롭던 옛 모습
앙상한 뼈대로
영겁(永劫)을 살고,

하늘 아래 하나뿐인
만분포자(晩粉抱子), 태각매(台閣梅),
배중포자(胚中抱子), 용천옥접(龍泉玉蝶)
옥골(玉骨) 빙자(氷姿)로
선경(仙境)을 이루고

대리(大理)에서 옮겨온
600년 된 고매(古梅)가
생명줄을 놓지 않으려고
회생의 꿈을 꾸는 곳

스무 남은 고매, 명매들
오향지교(互香之交)를 나누는 곳에선

매선(梅仙)들 시나래에
춤사위가 곱다.

2006. 1. 30.

■ 꿈에 그리던 곤명 탐매 중 흑룡담 매원에서 내 생애 최고의 고매, 명매들을 만나다.

청매실 농원

학지포란(鶴之抱卵)에
웅학비래(雄鶴飛來)* 형국(形局)
성철스님 일러준 터에

스물셋에 시집와서
손가락이 호미 되도록
오십 년 가꾼 매화

옹기종기 항아리엔
청매실 익어가고
섬진강 언덕배기
꽃 대궐 이뤘다

백만, 꽃 손님 찾아드는
'홍쌍리 가(家)' 초가에서
밤새워 매화 사랑 꽃을 피우다.

2010. 11. 25.

* 학지포란(鶴之抱卵)에 웅학비래(雄鶴飛來) : 암컷 학이 알을 품고 있고, 수컷 학이 날아드는 형국이라는 뜻.

■ 홍쌍리 여사 초청으로 청매실 농원에 내려가 긴 밤을 늘려가며 매화 얘기에 취한다. 젊은 나이에 시집와 섬진강을 건너지 못해 도망가지도 못하고 눈물로 보낸 세월의 얘기며 시아버지 김오천 선생의 사랑으로 매화와 더불어 오늘에 이르게 된 긴긴 사연들, 아내와 동향(부산)이며 동갑내기라 어느새 한 가족처럼 되었다. 오늘의 '청매실 농원'이 있기까지는 홍쌍리라는 한 여인의 당찬 의지와 뚝심이 있었음을 알 수 있었다.

탐매(探梅)

답설심매(踏雪尋梅)
불원천리(不遠千里)

맹호연(孟浩然)* 나귀 타고
파교 건너고,

매촌(梅村)*은 아내와 함께
수만리 부유천하(浮遊天下)

한 · 중 · 일 삼 개국
매화 찾아 십일 년

곤명 태각매
귀주 야생매

미야기현 와룡매
가고시마 좌론매

지리산 야생매
오죽헌 율곡매

백양사 고불매
선암사 백매

삼천여 년 꽃 피워 온
한 · 중 · 일 매화문화

우의(友誼)로 연합하여
영원히 이어 가리.

2010. 5. 20.

＊맹호연(孟浩然) : 중국 당나라 때의 시인. 봄이면 눈길을 당나귀 타고 파교를 건너 매화를 찾아 떠나는 내용의 그림, 〈파교심매도〉로 유명하다.
＊매촌(梅村) : 필자의 아호.

■ 옛날 선비들은 봄이 되면 나귀를 타고 시동에게는 매화를 찾으면 시를 지을 지필묵과 술과 안주를 짊어지고 따라오게 하면서 눈을 밟고 탐매를 했다. 중국 시안(西安)의 장안에 살면서 파교(灞橋)를 건너 심매를 떠났던 당나라 때 시인 맹호연(孟浩然, 689~740)의 탐매 발자취를 따라가 보기 위하여 파교를 찾았으나, 지금은 현대적 토목공학의 산물인 콘크리트 교각에 의한 튼튼한 다리가 건설되었고, 맹호연이 당나귀 타고 걸었던 길은 아스팔트길로 넓혀져 있었다. 나는 10여 년간 탐매 여행을 하면서 논두렁, 밭두렁 길에 빠져도 거뜬히 나올 수 있는 4륜구동 산타페 자동차로 아내와 함께 무려 103,000㎞를 운행했다.

지폐의 매화

오만 원 권 뒷면엔
우봉의 월매도,

천원 권 앞면엔
퇴계의 도산매

소옹(邵雍)은 매화꽃 다섯 잎이
평화, 화해, 행운, 관용, 인내의
상징이라 했다

돈을 가진 모든 사람들이
다 지켰으면 좋겠다.

2011. 11. 20.

■ 다섯 개의 매화 꽃잎은 상서로운 의미를 갖는다. 그러므로 옛 사람들은 운수(運數)를 예측하는 데 매화꽃을 사용하기도 했다. 옛날 중국의 철학자이며 사상가였던 소옹(邵雍, 1011~1077)은 매화꽃 다섯 잎이 평화, 화해, 행운, 관용, 인내의 상징이라고 했다. 따라서 대만과 중국이 오랫동안의 대결과 단절을 끊고 대만 항공인 차이나에어라인(CAL)이 중화인민공화국 본토에 들어갈 수 있게 되었을 때에 중화민국의 국적 표시인 청천백일(靑天白日)을 중국인들이 좋아하는 홍매(紅梅)로 바꾸었던 일은 화해를 상징하는 유명한 사건으로 알려지고 있다.

친구

분매 온실에 사는
고양이 식구가
넷으로 늘었다
“고양이 밥 많이 주면
쥐 안 잡는다.”
어머니가 하신 말씀,

사료 값 많이 든다고
쪼잔을 부렸더니
손 큰 할멈이
가득가득 채워주고 나서는
밥 주는 것 때문에 눈치 보인다나

고양이 밥 주는데
인색해 할 일 아니다
분매 온실 안에서는
나와 제일 가까이 지내는
유일한 친구들 아니더냐

“주는 자에게 복이 있다.”

2013. 7. 22.

태풍 볼라벤 1

살랑거린 바람은
가지를 가볍게 흔들어
재래식 펌프질로 물 퍼 올리듯
땅 속 물기를 잎새 끝까지
빨아올리지만,

초속 50m의 태풍 '볼라벤'은
멀쩡한 분매 가지들을
부러뜨리고
망가뜨리고
풍비박산
아수라장으로 만들었다

매화는
평화의 상징인 걸
몰랐나 보다.

2012. 8. 29.

한 송이에 두 가지 색

꽃 한 송이에
분홍꽃, 하얀꽃

두 가지로
물들인

도지매(桃枝梅)는
요술쟁이

가지는 짧고
조밀하여

분매로 기르기에
안성맞춤 특수 종.

1998. 3. 25.

할멈 짧은 입

할멈은 입이 짧은 데다
먹는 것도
고양이 밥 먹듯 한다

작은집이 둘째 아들에게
경영권을 물려줘
2대째 운영하는 여의도 곱창집은
중앙방송에도 서너 번 방영되고
최불암, 고현정 등 영화배우며
이름난 탤런트들이 단골인
소문난 집

아이들 작은엄마가
“형님 곱창 잡수러 오셔요.”
몇 차례 청했지만
평생에 한 번도 먹어보질 않아서
마지못해 두어 번 가긴 했지만
한두 점 입에 넣고 오물오물,

그러니 팔다리는 새 다리
마트에서 무 한 개도 배달시킬 수밖에…

나는
분매의 거름을 만들 때
반드시 참깨 깻묵에다
동물성 골분을 넣고
N, P, K가 알맞은 유안을 섞어
효소가 충분한 발효제를 혼합하여
일 년 동안 완전히 발효시킨 후에
물거름은 적당량을 물에 타서
웃거름은 자루에 넣어 넉넉하게 준다

그래야만
분매의 줄기, 가지, 잎, 꽃, 열매가
튼실하다
분매만큼도 먹지 못하는 사람
할멈이다.

2006. 12. 17.

한매(寒梅)

한냉(寒冷)한 절개
가난한 선비의
사립문에 찾아들어

문풍지 휘모는
세찬 바람
잠방이 가랑이가 시리다

헐벗고 굶주린
가난이야
타고난 운명이라지만

삼동을 개의치 않고
환한 웃음 짓는 것은
화괴(花魁)의 본색이리라.

1994. 11. 27.

함께하는 것

모세는 히브리 노예를 돕기 위해
애굽 사람을 죽이고 스스로 죄수가 되어
바로의 공주 아들로서 누릴 수 있는 것을
포기하고 히브리인과 고난 받기를 자처했고

하와이 몰로카이 섬에서
나환자 치료를 하다
자신도 나병에 걸렸지만
자기 병 치료를 위해서는
섬을 떠나야만 했던 것을 거부한
다미안 신부

매화만을 벗 삼아 일생 함께하기 위하여
24년간 운영하던 조경회사를 그만두고
매혼(梅魂)과 사랑에 푹 빠진 매치(梅痴)가 되었다.

2010. 7. 10.

태풍 볼라벤 2

초속 오십 노트 비바람
몰아친다기에

담양에서 옮겨 온
삼백 년생 뜰 매화

가지 부러질 새라
묶어주고 잘라주고

가슴 죄며 한 밤을
뒤척이다가

맑게 갠 하늘 아래
날 새자 달려가니

아무 일도 없는 양
예전처럼 반기는 매화.

2012. 8. 29.

햇살

기상관측 사상
가장 길게 비 오는 날
오십일 일
이쯤 되면
매화나무 뿌리가
짓물러 터질 지경이다
잎자루도
점무늬, 갈색무늬, 잎 썩음병에 걸려
한 움큼씩 떨어진다
달팽이 한 마리가
매화나무 잎사귀에
올라앉아 한껏
목 빼물고 허우적댄다
마른하늘
보약처럼 기다려지는
햇살 따가워
눈부신 날이 그립다.

2013. 8. 6.

헛된 욕망

매화꽃이 피자
달마저 떠오르니

이런 청복이
어디에 또 있으랴

누속에 젖은 영혼
매향(梅香)으로 씻어내니

세상 헛된 욕망
다 부질없어라.

2005. 2. 23.

■ 산청군 단성면의 단속사지에 있는 '정당매'를 탐매하는데 인천에서 왔다는 사진작가 한 사람이 벌써 보름째 그곳에서 매화나무 가지 끝에 달이 떠오르는 장면을 촬영하기 위해 기다리고 있었다. 좋은 작품을 얻기 위한 결심이 대단한 분이었다. 그런데 나는 분매원에서 이 모든 것을 다 얻을 수 있으니 복 받은 사람이다.

흑전매(黑田梅)

오골계의 뼈 속은 까맣고
흑전매의 뼈 속은 빨갛다

꽃빛은
붉다 못해 검은빛,

겹겹이 중엽매
타는 열정으로
피 끓는 젊음.

1983. 2. 26.

■ 1980년대 초 용인 자연농원에는 대여섯 가지의 좋은 매화 품종이 있었다. 삼성의 故 이병철 회장이 매화를 사랑하여 일본에서 들여온 것이라고 들었다. 그중에서도 '흑전매(黑田梅)' 라는 품종이 있었는데 그 이름부터가 예사롭지를 않아서 접수를 한 개 얻어와 분매에 접하여 이듬해에 꽃을 보게 되었다. 예상했던 대로 아름다운 꽃이었다. '구로다매화(黑田梅花)' 라고 하는 일본종인 이 매화는 여느 홍매와 같이 줄기와 가지 속까지 빨간색을 띠고 있으며, 꽃잎에서는 검은빛이 돌 만큼 붉은색이 진하다. 꽃잎이 여러 겹인 중엽매로 향기 또한 강하다.

문학세계대표작가선 801

매화 동산에 올라서

안형재 제2시집

인쇄 1판 1쇄 2017년 3월 3일
발행 1판 1쇄 2017년 3월 10일

지 은 이 : 안형재
펴 낸 이 : 김천우
펴 낸 곳 : 도서출판 천우
등 록 : 1992. 2. 15. 제1-1307호
주 소 : 서울시 성동구 무학봉28길 6 금용빌딩 2F
전 화 : 02)2298-7661
팩 스 : 02)2298-7665
http://www.moonhaknet.com
E-mail : chunwo@hanmail.net

값 10,000원

ISBN 978-89-7954-662-0

이 도서의 국립중앙도서관 출판예정도서목록(CIP)은 서지정보유통지원시스템 홈페이지(http://seoji.nl.go.kr)와 국가자료공동목록시스템(http://www.nl.go.kr/kolisnet)에서 이용하실 수 있습니다. (CIP제어번호: CIP2017006278)